二度目の真宗入門

佐賀枝《さがえ》 夏文《なつふみ》

法藏館

序――悪を転じて徳を成す

はじまりは、誰でもない「じぶん」のつらさや苦しみから解放されたい気持ちからの出発でした。

いつも、ぼくひとりが、なぜこんなにつらく苦しいのだろうかと、しきりに考えていました。「じぶん」流に解決策を探しては、失敗して、さらに生きづらくなっていました。そして、いつしか、ぼくは心理カウンセラーになっていました。しかし、カウンセリングは魅力的な世界ですが、やがて、そこにも限界を感じはじめたようにおもいます。気がつけば親鸞《しんらん》聖人《しょうにん》に道を尋ねていました。

そして、「じぶん」だけがつらく苦しいのではないことがわかりはじめました。また、ぼくの相談室を訪ねてくる方の悩みややっかいごとが、実は大切な種であるようにおもったのです。そして、たどり着いたのが親鸞聖人のお言葉でした。

しかし、その親鸞聖人のお言葉も、素直に受け取ることは、なかなかできませんでした。

「悪を転じて徳を成す」。

この親鸞聖人のお言葉は、何度か聞いていたはずですが、いつも聞き流していたようです。正直なところ、「じぶん」は「悪」や「悪人」とは、縁が遠いとおもいこんでいました。じぶんを「いい人」だとおもいこんでいましたから、「悪人」が身近には感じられなかったのです。親鸞聖人からいただいたお言葉に、近づきようがなかったのだとおもいます。

じぶんを「いい人」だとおもってはいても、なにかしらの問題を抱えていなかったわけではありません。いつも生きづらさを抱えており、悩ましいことが多いと考えていました。

それは、人間関係や暮らしの中での、取るに足らないようなことに傷ついたり、人を恨んだりすることを気に病んでいたからです。暮らしの中で、しきりに口から出るのは、「つらい」「苦しい」「悩ましいことが多い」なのです。そんな「じぶん」をもて余し、悩み苦しむことの多い暮らしです。しかし、このことは「悪」と結びつきませんでした。

ただ、「じぶん」のことだから、なんとかしなければとは考えていました。いつも、具体的な解決策を求めていたようにおもいます。身に付いた考え方は、どうしたら解決できて悩みが消えるのかということでした。抱える問題がなくなりクリーンな「じぶん」になることしか考えていませんでした。むしろ「悪」に染まってはいけないと考え、「悪を転じて徳を成す」というお言葉に違和感さえありました。

ぼくたち現代人は、このように考える傾向があるのかもしれません。

「じぶん」には、他人にけっして見せない「じぶん」がいます。

相手と意見がズレたり衝突したりすると、「じぶん」はさておいて、相手に「非」があると考えます。相手に恨み、怒りをぶつけて解決しようとします。そして、衝突した相手を攻撃、排除している「じぶん」がいます。「じぶん」を棚に上げて、相手を攻撃してしまう「じぶん」です。このことを不思議ともおかしいともおもわない「じぶん」です。気がつけば、阿修羅《あしゅら》のように迷い怒り、さまよう「じぶん」です。しかし、あたかも、そういう「じぶん」はどこにもいないかのように暮らしているのです。
そんな「じぶん」が、じぶんを苦しめている「悪」の種だったのです。

前述したことで、ぼくの自己紹介ができたようにおもいます。このように四苦八苦の青年期を通過し、その後、進路として選んだ社会福祉の実践、心理カウンセラーの道でした。そこで求めていたものが見つかったのかといえば、皆無とはいいません、それなりにみつかったといえるかもしれません。しかし、もの足りない感じは、正直いつまでもありました。それは、いうならば「他者のことは、よく見える」「じぶんが、見えない」ということかもしれません。また、「じぶんのやっかいさ」とでもいうことが、どうしてもしこりとして残るのです。いつまでも、探し求めた中心が、モヤッとして、わからないで残ったとでもいえるかもしれません。歳を重ねて、それでも何とか暮らしてはいけるのですが、「なんともならないのが、じぶん」……です。

そして、「なんともならない、じぶん」を出発点として、また、歩きはじめたのです。それが、本書を執筆することになった原点ともいえるところです。

「悪」の種が「じぶん」にあると気づいても、変わらずなんともならないことも事実です。しかし、いつしか、じぶんで「悪を転じる」のではなく、おねんぶつによって「悪を転じて徳を成す」のだということに出遇いました。

そして、気づけば、おねんぶつで悪を転じた先輩たちの足あとを訪ねる旅をはじめていました。すべてのことに通じますが、求めたから出遇ったのか、誘われたのか、さだかなことはわかりません。

いっしょに、尋ねることにしてみませんか。

二度目の真宗入門＊目次

2 生きづらさを抱えた理由 編

3 悲嘆に包まれ、転じた先輩たち 編

4 お救いましませ 編

1

人生で迷子になった理由編

あたりまえと勘違い

子どものころから、聞いていたはずだったんです。
「おねんぶつ」は大切って、育ての親からもいわれていたのです。
「おねんぶつ」を称《とな》えなさいって、いつもいわれていました。
「おねんぶつ」は、だ・い・じって、噛んで含めるようにいわれていました。
いつも「手を合わせなさい」と、おとなになってからもいわれてきました。
何回も、もう何回も数えきれないほどに、毎日、毎日いわれていました。

ただ、聞き流していたのです。もうーっ、わかってるって、返事だけしていたようにおもいます。ココロの奥の方にしまいこんでいたようです。そして、いつか、そのうち称えますからって、棚に上げていたようにおもいます。

そのことを、なにもヘンだとも、おかしいともおもっていなかったのです。

ぼくは、青年期になって浄土真宗や仏教について考えているつもりになっていました。宗教学校にいるのだから、わかったつもりでした。それに、ぼくは、真宗のお寺で育ったから、なんでも知っているとおもっていました。

だから、いつも「じぶん」の都合や勝手で考えていたようです。「じぶん」を中心に、便利に都合がいいように考えていたようにおもいます。おまけに、うまく生きているとおもっていました。でも、それは、とんでもない勘違いだったのかもしれません。

親鸞聖人の教えに遇《あ》うとか真宗に出遇うって、なんだか別のことで、他人事のように考えていました。そのうちに「いつの日か、どうにかなるだろう」という具合に、自分の都合で考えていました。

ぼくは、そのうちなんとかなるだろうと考えていましたが、そんなに都合よく、階段をのぼるようにはいかないようです。

そんな勘違いが、やがてとんでもなく迷い悩むことになる原因だったのかもしれません。

なぜか遠い、親鸞聖人

親鸞聖人の教えに学ぶことは、なにか特別で別世界のことと考えていました。親鸞聖人の教えに触れること、学ぶことは、さまつな日常の暮らしとは別のことだとおもっていました。親鸞聖人の教えと毎日の仕事や生活とは、いっしょに考えてはいけないことのようにおもっていました。親鸞聖人の教えに学ぶことは、毎日の生活から切り離された、まるで姿勢を正し机に向かうようなイメージでした。

親鸞聖人の教えに近づきたくても、次元が違うと敬して遠ざけていたようにおもいます。大切だから、別格なものとおもいこんでいました。
こんなおもいが、自分から親鸞聖人を遠ざけていたのかもしれません。

縮まらない、親鸞聖人との距離

何度か、親鸞聖人の著された『教行信証《きょうぎょうしんしょう》』、そして『歎異抄《たんにしょう》』を読もうとチャレンジしました。読めば理解できると考えていたのが、正直な気持ちです。そのうち、いつか理解できると考えていました。真宗聖典も大小揃えてみました、手元に置いてみましたが、しかし、なにもはじまりませんでした。

ご法話も聞きました。ご法話をお聞きしたときは、そうなんだとおもうのですが、しばらくすると右から左へ流れていきました。でも、そのうち、なんとかなると考えていました。だから「いまは」まだ、そのうち、でいいだろうと考えていました。

暮らしの中に親鸞聖人の教えがあると、聞いてはいたのですが、なぜか、別の次元のことのように考えていました。暮らしは暮らしとして、親鸞聖人の教えとは別のことと考えていましたから、近くに感じられなかったのかもしれません。

ぼくたち現代人は、ものごとを別々に分けて考える習慣があるようです。順番を守り段階をのぼってゆけばなんとかなると考える習慣が身に付いているからだともおもいます。この「あたりまえ」が、親鸞聖人との距離を広げ、離れていくことになったようにおもいます。

なんとなく、そのうち

いつの間にか、気がつけば、「おねんぶつ」は大切で大事とおもうようになっていました。親鸞聖人の教えは、すばらしいとみんながいうので、ぼくもいつの間にか、そう考えるようになっていました。

阿弥陀《あみだ》さまは、お願いをするものではないってことは、教えられ知っていたつもりでした。真宗では、占いで運勢の吉凶を考えないことも、教えられ知っていたつもりでした。「食前のことば」も「食後のことば」もいえるようになりました。「正信偈《しょうしんげ》」も勤めるようになっていました。なんとなく、これでいいと考えていました。

いま、しっかりはわからなくても、そのうち、ちゃんと親鸞聖人の教えに向き合いますからって、いつも棚上げしていました。でも、なんとなく、ストンと落ちない気持ちがどこかにありました。だからでしょうか、いつもはっきりしないもどかしさを抱えていました。

頭では理解できるのですが、なかなか腑《ふ》に落ちないのです。

自己都合

ぼくは、子どものころ、育ての親から「お天道《てんとう》さまは見ていらっしゃる」と教えられて育ちました。しかし、なんだか不思議な確信を持っていたようです、わるさをしたときは、たいがい勝手に、ココロの中までは見透かされないだろうって、おもっていました。

ココロの中は、なにを考えていても大丈夫って、うそぶいて過ごしていたところがありました。見えないのをいいことに、ココロの中で邪心《じゃしん》や慢心《まんしん》を自由に野放しにしていたのかもしれません。でも……。これでいいのかと自問し、ときどき不安になりながら暮らしてきました。

見える世界だけを考える方が、便利で都合がいいのはたしかです、現代は、社会のことと ココロとは分けて考えるのが常識となっています。

やはり、ココロの奥までは見透かされないだろうと考えている「じぶん」が都合がよいのです。しかし、このように「かなめ」をゆるくすると、すべてがあいまいになるのかもしれません。

すべてを自己都合から考えるのを、そろそろ卒業しなければならないようにおもいます。しかし、自己都合からは、離れられそうにないとおもうのです。自己都合で考えるからトラブるのだとわかるのですが、そして、よくないのはわかるのですが、他に考えようがないのです。

腹立ちと怒り

うまくいかなければ、腹を立てる、怒る。ささいなことに腹立たしい感情が動きだし、さらに感情が動きだして怒りの感情が噴出し、怒りの洪水になります。

イヤなことがあれば、腹が立つのはあたりまえ、なんの疑いもなく怒りの感情のままにふるまい、そのうちヘトヘトになっています。

腹立たしさや怒りが出てくるにまかせていると、しまいには枕を濡らすことさえあります。歩きながら「じぶん」自身の感情と対決し、おもわず激怒してカベに向かって声を荒げることさえあります。

うまくいかないたびにそのくり返しで、人生のほとんどを腹を立て怒り通して生きています。でも、腹立たしさをおさめ怒りをおさめて生きるなんて、できそうにありません。

親鸞聖人に、腹を立て怒りを御しがたい「わたし」を、「悪」として指し示していただいたことで、はっきりしたようにおもいます。

なんともしようがなく、繕《つくろ》いようがない「じぶん」であることが、はっきりしました。

「大丈夫」がいい

いつも、求めるのは、波風の立たない平穏な生活です。求めてやまないおもいとは、「もの」への欲であり、執着するココロかもしれません。小心ものわたしは本心を見抜かれないように、さまざまな防衛をします。いうならば、言葉のヨロイを着ています。

越えられないカベを感じていました。それこそ、毎日悶々としているのは、気持ちのザワザワやモヤモヤ、そして、重苦しさとビクビクのせい。終わることのないくり返しの毎日です。

いつも、なにかにビクビクしている毎日。取るに足らないことを、いつまでも、考え続けている「じぶん」。どうしたら生きやすくなるのか、どうしたら楽しく暮らせるのかと考えています。

ぼくのところに相談に来る人に、こうすれば、ああすれば大丈夫と、「大丈夫」を安売りしていたようにおもいます。また、ぼくを訪ねる方も、どうしたら大丈夫に戻れるかを求めているようにおもいます。

抱えたやっかいな問題は、解決して消すに限ると考えていました。やっかいごとや問題は抱えない方がいいとも考えています。一般的にそう考えられているようにおもいます。

ふりかえれば、「大丈夫」を守り維持するために勉強してきたようなところもあります。「大丈夫」ということは、あらためて考えるべき課題のようにおもえます。

大丈夫でないことにも目を向けることが必要だとおもうのです。しかし、大丈夫にすがるしか仕方がない「じぶん」なのです。

大丈夫でない世界

大丈夫でなければならない世界が壊れれば、つい口をついて出るのは、「なんで」「どうして」、そして、「やっかい」です。この「なんで」「どうして」、そして、「やっかい」こそが、実は大事なことだとは、すぐには、おもえませんでした。

なにかあると、「なんで」「どうして」しか考えられないのです。仕方ないのでしょうか。やっかいなのは、それに「悲しさ」や「腹立ち怒り」がついてくることです。ほんとうに疲れてしまいます。

そのくり返しなので、進歩のないことです。

そうなんです。

じぶんの「大丈夫」を中心に考えているから、その意に添わないなにかがあれば、「なんで……」になります。また、「どうして」そんなことになるのかわからない。だから、相手とズレがうまれてしまうのです。少しは、相手の立場に立てればとおもうのですが……。わかっているのですが……「ココロとからだ」がいうことを聞きません。

ほんとに……、おもうのです。こんなこといっちゃいけないって、でも言っているんですね。こんなぼくですから、迷子になるはずですね。

2

生きづらさを抱えた理由 編

わかっても、そうできないのです……

いまとなれば、恥ずかしいとも汚点ともおもわなくなりましたが、ココロひそかに誰にも語れない不名誉とおもうことがありました。

小学生のころ、勉強でみんなについていけない子どもは「居残り」させられました。古い教室の隅っこに居残りしている「ぼく」がいました。そのときは、教室から家に帰ることだけを考えていたようにおもいます。後ろめたさと、不名誉な、勉強が遅れた劣等生って考えていました。まるで、一周遅れのビリのランナー、それがぼくでした。みんなから置いてきぼりのさびしい子ども、それがぼくの少年時代の思い出の中にあります。

思い出のアルバムの中のぼくは、同期のみんなの後ろを、てくてくと追いかけている姿です。「将来はなにになりたいか」と聞かれれば、正直なところは「みんなといっしょ」になりたいと考えていたようにおもいます。ですから、進学や就職だって「みんなといっしょ」になることを目指して懸命にやっていたようにおもいます。学校でも家でも、勉強すれば「みんなといっしょ」になれるからと、いつも聞かされていたようにおもいます。進学する学校にも序列がありましたから、ゴールがはっきりしていたようにおもいます。ぼくの少年時代は、このように、「みんなといっしょ」という目標に向かってひたすらあゆんだようにおもいます。

このつらい体験を、いつまでも長い間引きずっていたようにもおもいます。いつのころからか、まじめに勉強している「じぶん」は許されていて、気ままに遊ぶ「じぶん」は後ろめたいと考えていたようにおもいます。だからでしょうか、いつの間にか「遊ぶ」ことを、「じぶん」自身が許せなくなり、「遊び」は悪になり、楽しく遊べなくなってしまいました。

このことと関係するとおもうのですが、他者からの「いい人」「まじめな人」という評価に応えよう、応えなければと、いつも追い立てられているような生き方をはじめていました。いまでも、この性分が残っていて、追い立てられるときがあります。こんな、窮屈な生き方は、少年時代のこんなところからはじまっていたのかもしれません。

ぼくは、ココロのどこかで、まじめに勉強していれば許されるからと考え、努力すれば「なんとかなる」と考えていたようにおもいます。ものごとを考えるときには、「まじめ」と「努力」という基準で測っていたようにおもうのです。

ガンバることが正しい生き方で、それですべて解決するとおもっていました。

ガンバることは、良いことと考えられていますが、むしろ、反対に力《りき》まないで、力を抜くことが良い結果につながるようです。しかし、すぐにガンバってしまう「じぶん」がいます。ぼくが、力んでも解決しないとわかっているのに、ガンバることしか知らないからかもしれません。

そんな娑婆世界なのですが、でも

ぼくは、いつも、みんなから置いてきぼりで、ビリを走る感覚にとらわれていました。でも、「いつか、そのうち……」と、ひそかに一発逆転を狙っている「じぶん」もいました。人には見せないキバを隠している「じぶん」がいることも知っていました。負けることがいかにみじめで、つらいかを体験していたからかもしれません。

ぼくは、放浪のすえに、「河内の赤ひげ」といわれた村井医師に拾ってもらいました。村井先生のなけなしの私財で、留学生として約一年、東欧ハンガリーに遊学させてもらいました。当時、ハンガリーは社会主義の国でした。いまから考えれば、社会実験の最中だったといえます。

留学のおまけみたいなお話をしてみます。ぼくが通った教員養成大学の先生もマーケットの店員さんも、ハンガリーでは、すべての国民の給与は一律分配制でした。また、社会主義国は計画経済で、生産は計画的に必要な分量だけおこなう仕組みですから、競争がないので製品の品質は驚くほど粗悪でした。だから、国際市場で社会主義国の製品は太刀打ちできるはずもなく敗退しました。わが国はじめ資本主義の国は自由競争の経済社会ですから、コストダウンと品質向上がなければ競争に負けるので、製品は驚くほど良品で使いやすいということが、留学してわかりました。

留学を通して学んだことは、わが国は自由競争を最優先にしているので、あらゆるところで「優勝劣敗」が、あたりまえになっているということです。わが国は勝負の世界ですから、大きい方が強く、小さい方が弱いという競争原理にしたがって、「強い」「大きい」「早い」が勝つという仕組みができあがったのです。弱者が切り捨てられる社会でもあるわけです。

気がつけば、ぼく自身が「強い」「大きい」「早い」を追い求めていました。経済的に豊かで、ものをたくさん所有することが「しあわせ」だと考えた理由がここにあります。「豊かさ」を求めることが、正しいと考えていました。合理的でないものは無駄と考えるようになっていました。だからでしょうか、知らず知らずのうちに、余分なものは排除すべきだと考えるようになっています。

知らず知らずに、「強い」「早い」を良いこととして考えていました。「強い」「早い」が大切ではないことがわかっても、「強い」「早い」を目標にしている「じぶん」がいます。わかっても、でも、なんとも変えようがないのです。

原因探し、犯人探しは解決ではないが、でも

ぼくは、心理カウンセラーになりました。いまおもえば、悩みをともにと考えたというよりも、「じぶん」自身が心理的に解放されたかったというのが正直なところです。

ぼくの相談室に訪ねてくるのは、悩みを重く感じていて、荷降ろしがしたい、できればなんとかならないかとおもう方々です。

心理カウンセラーになりたてのころ、ぼくは正直なところ、「なんとかしてあげたい」「なんとかしなければ」と逸《はや》る気持ちでいっぱいでした。心理

カウンセラーに限らず、なんらかの支援活動をする人は、そう考えるのがあたりまえかもしれません。訪ねてくださる方々が問題を解決したいとおもい、訪ねられる方は解決のお手伝いをしたいと考えるのは、当然のことかもしれません。

相談業務の中で「原因探し」や「犯人探し」をすることは、問題解決にならないと教えられました。しかし、なぜか「原因探し」や「犯人探し」をしてしまいます。それは大事なことではないとわかっているのですが、「原因探し」や「犯人探し」をしてしまっています。

してはいけない、わかっていても、でも

ぼくの相談室を訪ねる方の中には、ココロの中からやっかいごととか汚れを消したいと真剣に考え努力している人がいます。やっかいごとは面倒だし、ときにはわるさをしますし、人を苦しめるので、無い方が良いという考えからはじまったことだとおもいます。また、やっかいごとを抱えると重苦しいし、気持ちが晴れ晴れしないから、問題ややっかいごとがなければ晴れ晴れとして気持ちがいいと考えたからでしょう。また、ココロが汚れたと感じると、きれいにしたいとおもうのも道理です。

この程度であれば、健康の範囲なのでしょうが、ついつい、すっきり、は

っきりさせるには、汚れのないクリーンなココロがいいという考えにかたまってしまいます。

クリーンで汚れのないココロになりたいと、汚れを消し、「やっかい」をなくそうとしたとしましょう、すると無間地獄《むげんじごく》のようになることがあります。それはいうならば、努力したあげく、強迫的行為から抜け出すことができなくなることがあるということです。くり返しクリーンさを求めれば、悪循環に入りこむことになります。たとえば「手洗い」「確認行為」などです。手洗いも確認行為も、必要なことではありますが、常に間なしに「手洗い」「確認行為」をしなければいられなくなれば、強迫症状といえるでしょう。

ココロはいつも汚れなくきれいにしておきたい、と誰もが同じことを考えるかもしれません。クリーンな人生でありたい、クリーンな生き方がしたいということになります。しかし、ものごとは、すべて表裏一体をなし、お互いがお互いを支えるものですから、すべてにこの例が通じるようにおもうのです。一方を消し去ることは無理があるようです。

ココロをクリーンにすっきりしたいとおもい、実行すれば、「あやうい世界」へ入りこむことになります。そのことをやめなければ強迫神経症は治癒しないのですから、やめたらいいのですが、やめられません。それが、わたしたち人間なのかもしれません。

悲しみは、つらく苦手

悲しいおもいはしたくないというのは、ぼくの正直な気持ちです。誰でも悲しみで曇ったココロはイヤなものです。いつも、心地よく晴れたココロでいたいと考えるとおもいます。いつも、「大丈夫」なココロでいたいと考えるのがあたりまえなのでしょう。

ある契機があって、ココロに意外なはたらきがあることを知りました。それは「ココロは変化する」ことを知ったときでした。そのときからココロの見方が変わりました。それはエリザベス・キューブラー＝ロス女史の示したココロのあり方に出会ったときです。ショック期から始まり、受容に至る道筋をすごいとおもいました。

やはり悲しみやつらいことは苦手です。これが正直な気持ちです。

負けること、勝つこと

普段の暮らしの中でよくあることですが、対人関係で言い負かされたり、見下されたりするとココロがおさまりません。さまざまな方法でその場の対処法を考えているのですが、「ごめんなさい」を連発してやり過ごす人もいます。また、相手が勝負して勝てるかもしれないとおもえる相手でしたら、攻略法を考えるかもしれません。いずれにしても、抗弁や弁解、そして、「じぶん」を守ることで精いっぱいになります。

このくり返しは、暮らしの中でしばしば見られるかもしれません。優位に立つこと、見下されないことも大切かもしれませんが。相手を言い負かして自分を守る、抗弁して自分を守る、勝負の世界のようです。そこから解放されるココロって、なかなかむずかしいのかもしれません。

負けると、「枕を濡らす」という言葉が、ここで登場するのだとおもいます。あの、眠れない日々、悶々と過ごす時間、食事ものどを通らない、負けたことで頭がいっぱいで、悲しくつらいだけの時間です。

勝ち負けではないといいながら、負けると悔しい「じぶん」です。ブツブツいい続ける「じぶん」です。そして、ココロがおさまらない「じぶん」です。困ったものです。

わかっていても、してはいけないとわかっていても……

わかっていても、そうしない方がいいとわかっていても、してしまう「じぶん」をつづってみました。

いうならば、このままで「転じて」もらうしかないのだとおもいます。いままで、追い求めてきたのは、「じぶん」を少しでも変えたい、ということでした。そうすれば生きやすくなるのではないかと考えていたからです。

親鸞聖人は、人はどんなにしても変われないと断言されています。そういわれて、落ち着くことができたというのが正直な気持ちです。

3

悲嘆に包まれ、転じた先輩たち編

人生という旅

やっかいごとを考える機縁になったお話をしてみます。「あっ、そうなんだ」とうなずけたのは、日系人で真宗学者のケネス・タナカ先生の法藏館から出版された『真宗入門』の序海（オーシャン）の喩え話に出会ったことがひとつの機縁になりました。この本は、序にある喩え話からはじまります。いまでも、鮮明に記憶に残っています。

そのお話は、船乗りさんが夜に航行していた船から転落して、苦海《くかい》と戦い苦海に挑む話なのです。泳ぎ上手の船乗りさんも、やがて力尽きます。すると海中に沈みゆく船乗りさんに、海の底から「力を抜きなさい。力むのをや

めなさい。そのままでいいのです。南無阿弥陀仏」という声が聞こえたので
す。船乗りさんが、聞こえるままに全身の力を抜いて海に身をまかせると、
くるりとからだが回転して海面に浮きました。
船乗りさんが、いままでじぶんを苦しめていた苦海が、実はじぶんを支え
ていた、ということに気づくというお話なのです。

やっかいごとは、いうならば苦海であり、戦い、死闘ということになりま
す。この喩え話は、気がつけば「じぶん」を苦しめたすべての「苦」が転じ
て、「じぶん」を支えているということであり、それをケネス・タナカ先生
の序海（オーシャン）の喩えから教えていただきました。

そろそろ、苦海を生きた先覚者たちを訪ねてみたいとおもいます。

道後の旅

松山道後でお話を聞いたことがあります。演題は「夏目漱石《なつめそうせき》と正岡子規《まさおかしき》」で、二人の親交をテーマとした内容でした。子規と漱石の親交にも興味がありましたが、子規が脊椎《せきつい》カリエスを患い病床にあったというお話が、ココロに残りました。

そのおり、立ち寄った道後温泉本館の湯殿に子規の句があります、その句は「十年の汗を道後の温泉《ゆ》に洗え」というものです。湯殿からボッコンボッコン流れ落ちる湯は、子規が語りかけるような感じでした。湯につかり子規をココロに刻んだ旅でした。その後、子規が自らの病をテーマとしてしたためた『仰臥漫録《ぎょうがまんろく》』や『病牀六尺《びょうしょうろくしゃく》』を手にするようになりました。この旅が、病を「得る」という語源をたずねる機縁となりました。

そろそろ、道後の湯が恋しくなりはじめました。なんとなく気弱になったココロが、子規と対話したくなったのかもしれません。子規がつかった湯に「身」をゆだねることは大切にしたいとおもいます。実態のない妄想や妄念を断つには、その場に「身」を置いてみることが大切におもえるのです。

死を告知された正岡子規

近代短歌界の彗星正岡子規を訪ねると、人生の半ばに、「死の宣告」ともいえる結核の診断を下されています。明治期、不治の病であった結核を告げられたのです。子規は、その後、結核菌に脊椎を蝕《むしば》まれ、脊椎カリエスが徐々に進行して夭折します。子規の生涯をたどると、死の宣告を告げられ、その直後に「子規」に名前を変えています。自ら名のった「子規」は、ホトトギスが血を流して啼くことの喩えからとったものでした。子規は、自らの名前を、「死」になぞらえて向き合います、そして、それ以降にいまに残る偉業をなして命終しました。このことは、病気という苦海をいただき、その死闘からよみがえって「生きた」人生だったといえます。子規は、苦海を「生き場所」として、「生き尽くした」といえるようにおもいます。

松山道後の旅、湯殿に刻まれた句。子規の三十四年の生涯は壮絶で、遠ざけておきたい気持ちがどこかにあります。子規の夭折をつづりましたが、少し安全地帯から見ている「じぶん」がいます。ただ、おそるおそる垣間見ようとするココロもあることは事実です。また、あるときは、子規の生き方に「そうだったんだ」とうなずくこともあります。

子規の『仰臥漫録』『病牀六尺』は、「食う」を前面につづられています。「生きる」こと、それは「食う」ことであると直接話法で語りかけてきます。

ぼくが出会った摂食障害の女性たちは、拒食と過食をくり返していました。そのとまどうような行為は、実は「生きる」を模索している姿であり、誰よりも「生きたい」人であるといえます。

琵琶湖めぐり

福祉の仕事に就いたころ、滋賀を旅したことがあります。旅のきっかけは、いつも京都から見ている比叡山を、反対の琵琶湖《びわこ》側から見たいとおもったことでした。ものごとは両面から見よう、眺めてみたい、と素朴に考えたからです。

道も往路と復路では景色が違います、それに一日も昼と夜がありますから、「隈《くま》なく」ということを考え訪ねた旅でした。いまは、人生も折り返してみると味わい深くおもえます。やはり、すべてのことには両面があるというのは道理で真理だとおもいます。

その旅で「この子らを世の光に」という言葉に出会いました。はじめは耳慣れない言葉でした。一般的に障がいのある恵まれない子どもに「世の光を」当ててくださいというのが通常ですから不思議におもいました。これは近江学園の設立者である糸賀一雄《いとがかずお》先生の言葉です。糸賀先生は、わが国の「知的障がい児」療育の先覚者です。

この言葉が、糸賀先生が比叡山を仰ぎ、天台宗の開基最澄《さいちょう》の教えに学んで生まれたことは驚きでした。

仏教に出遇った糸賀一雄

「知的障がい児の父」と慕われた糸賀一雄先生は、滋賀県にある近江学園を設立したことで有名です。糸賀先生の生涯をたどると、仕事半ばで病気に倒れ、琵琶湖畔で療養生活を強いられます。糸賀先生はクリスチャンでしたが、病を「得て」琵琶湖湖畔での療養生活の中で、仏教の教えに学び、のちの福祉実践の柱とします。琵琶湖湖西の地から比叡山を仰ぎ、仏教の教えに深く学ばれました。

宗教哲学を基盤にして学んだ、その結晶ともいえる言葉が「この子らを世の光に」という言葉です。糸賀先生と仏教の教えとを「つないだ」のは病気でした。

糸賀先生に深く確実に届いたのは、「障がい」を生きる子どもたちは、「障がい」を生きているという事実です。そして、「障がい」を生きる子どもたちを「ほとけ」として、「ともしび」としなさいという言葉が、糸賀先生の口から出たのでした。「この子らを世の光に」とは、障がいのある子どもを「ほとけ」として仰ぎ、「ともしび」としていくという先生の誓いであり、歓喜の声に聞こえます。

　糸賀先生には、壮絶な絶命時のエピソードがあります。滋賀県の新任職員研修の講演の後半に心臓発作で倒れられました。収録されたテープには、「この子らを世の光に」をくり返され命終された様子が残っています。この子らを「世の光に」あゆみなさい。そして、自らを「ともしび」として、実践しなさい。自灯明《じとうみょう》法灯明《ほうとうみょう》の教えをわかりやすくわたしたちに伝えています。

冬の高山の旅

中村久子《なかむらひさこ》さんのことは、以前からお名前は存じ上げていました。ただ、いつも棚上げして遠ざけていました。とくに深い理由はないのですが、なんだか崇高で偉い方のような感じがしていたからです。

それは、障がいの有る無しを、利益不利益だけで語ることができないのではないかというおもいだったとおもいます。そんなとき、中村久子さんの誕生の地である高山を旅しました。厳冬の高山、そして、凍てつくような凛とした真宗大谷派の高山別院の本堂で、からだの芯が冷えるのを味わいました。高山の旅が導いてくれたのか、中村久子さんの著作『こころの手足』を手にしてみることにしました。

何度か旅した高山は、蔵のようなどっしりした居酒屋の、しっかりしたお酒の味とともに高山コンロからたちのぼる朴葉みその香りがおもいだされます。高山の凍てつく冷気と深い味覚とともに、「大切ななにかを」よみがえらせてくれます。

うしなった手足を「善知識」として仰がれた、中村久子の気づきの世界

中村久子さんは三歳のとき脱疽《だっそ》に侵されて四肢切断という大変な状態になります。中村久子さんの生きた時代は、障がい者には偏見にみちた過酷な時代でした。生きる術《すべ》として「見世物小屋」で身をさらし「だるま娘」という

芸名で巡業する生活でした。日々、自らの障がいをさらしての生活は、過酷で言葉に尽くせないものがあったとおもいます。中村久子さんは、高山の真宗の信仰の深く根づいた地で、真宗の教えに帰依《きえ》していきます。

自伝ともいえる書物が春秋社から『こころの手足』として出版されています。その一節に、わたしを導いてくださいましたのは、ほんとうにたくさんの善知識《ぜんちしき》ですが、ほんとうの善智識は、先生たちではなく、「手足がないことが善知識」だったのです、という文章がつづられてあります。「転じる」ことがなければ、この体験はなかったとおもいます。

中村久子さんの世界ともいえる言葉が、ココロに浸みます。「わたしのほんとうの善智識はうしなった手足です」というつぶやきは、おねんぶつともおもえます。ケネス・タナカ先生のオーシャンの喩えにどこか相通じています。中村久子さんの、気がつけば悩み苦しみがわたしを導いた先生であったという「気づきの世界」は、驚きでした。

誰とも代われない「じぶん」の「身」を生きるということを教えていただきました。生きるということは他人事ではないのですね。

築地銀座界隈のさんぽ

ぼくが育った北陸の魚津は、真宗のお寺の多い漁港の町です、年中ご法話がどこかのお寺でおこなわれているところです。育ての親は、愚直に聞法で暮らしていました。その祖母が、九条武子《くじょうたけこ》さんのことを、ぼくに話してくれました。だからでしょうか、お名前は少年時代から存じ上げていました。

福祉の仕事に就いて、吉田久一《よしだひさいち》先生とご縁をいただきました。東京大井町の先生の自宅を訪問したおり、武子さんゆかりの築地銀座界隈を散策したことがあります。大正ロマン、そして、昭和のレトロ感が驚くほど残っています。武子さんとともに築地銀座界隈に魅せられました。

武子さんのつづった『無憂華《むゆうげ》』を手にして、銀座資生堂パーラーの深いシートに身を沈めたいという衝動にかられることがあります。人を訪ねて、その「場所」へ旅をしたり、味覚をともにすることで、より深く感じることができるようにおもうのです。それは感応の世界の扉が開くような気がするからです。

うしなわなければ見えない世界

歌人としても著名な九条武子さんは、関東大震災で被災して「生き方」を転換します。劫火《ごうか》に追われ、三度までも死を覚悟しなければならない状態で避難します。劫火にすべてをうしないます。浄土真宗本願寺で誕生した武子さんの年譜を調べると、関東大震災の九月一日はまさに転換点となった一日でした。関東大震災を契機に「生き方」が転換したことをみることができます。関東大震災に遭遇するまでの「深窓のおひめ様」の生活が、被災してからは「借り衣」で、被災した子どもたちや被災した人たちへの救済事業に身を挺していくことになります。その足跡が佐佐木信綱《ささきのぶつな》さんの編になる『九條武子夫人書簡集』に記されており、武子さんの被災したおりの心境とその足跡をたどることができます。関東大震災で「大丈夫」が揺らぎ、すべてをうしなった武子さんは、ある誓いをたてます。それは、今後は「甦生《こうせい》」（よみがえって生きる）という誓いでした。それを契機に生き方が転換します。震災前の「自己中心的」な深窓のおひめ様から、被災後「他者中心」の被災者支援者として生きはじめます。その七年後に、過労がもとで敗血病になり命終されます。

九条武子さんの被災体験により、人間は揺さぶられて「うしなって」、はじめてなにが大切なことかを知るのだと教えていただいたようにおもいます。「うしなって人はよみがえる」ことも教えていただきました。これは「転じる」ことに通じるようにもおもえます。「転じる」は、転じたくて転じるものでなく、とんでもない出来事が起因して転じることもあります。避けたい「災い」が転じる契機だとすれば、避けて通るわけにはいかないようにおもいます。

タケさんとの対話

ぼくは、福祉の仕事に就いてたくさんの方々と出会いやご縁をいただきました。その中で、忘れられない人がいます。これからご紹介するタケさんも、そのひとりです。

タケさんとは、福祉の現場で出会ったのですが、いまでもタケさんの言葉を、くり返し考えるのです。すこしそのことを「まとめ」てみました。タケさんと過ごしたのは、短い期間でしたが、その後長年、ココロのなかでタケさんと対話してきたことになります。

タケさんが伝えたかったこと

ぼくが、リハビリ施設で職員として仕事をしていたころのことです。入所していたタケさんという方がいました。いまからおもうと、さまざまなことを教えていただきました。タケさんは、脳卒中の後遺症で半身が麻痺していたので、さまざまな不便と不自由を抱えていました。タケさんとは、五年近く訓練や生活をともにしました。

出会ったころ、ぼくは勝手に、人生半ばで障がい者となったタケさんは、自分の人生に失望し、落胆して消極的になっているんだと、おもいこんでいました。

タケさんは、いつも訓練や作業から抜け出すサボリ屋さんでした。ホールでおしゃべりするか、タバコを一服というような方でした。いつのころからか、サボリが目立つようになりました。タケさんを探すと、きまってある場所にいるのです。そこは、子どもたちの訓練のための畑なのです。そこで泥まみれになって動かないからだで畑仕事をしているのです。

タケさんに、子どもが好きなのかと聞いたことがありました、答えは、「とんでもない」という返事でした。聞くでもなしに、タケさんと話してみると、おもいもかけない答えが返ってきました。それは、「子どもって、いのちではないか」「いのちをつなぐのは、子どもではないか」という意外な言葉でした。

タケさんは、「じぶん」が障がい者になってすべてをうしなわなければ、「いのち」に気づきもしなかったと、しみじみ語ってくれました。ぼくは、タケさんは障がいを抱えて自暴自棄になっているとおもいこんでいましたので、はじめは信じられませんでした。

「うしなって見えた世界」だったのだとおもいます。わたしたちは、障がいについていて、できるだけ遠ざけようとします。それは、社会生活をするには不利だとおもっているからだとおもいます。障がい者になることは、「展望」がなくなることだと考えます。だから、「希望」と「展望」がないと決めつけているようにおもうのです。

実は、「希望」や「展望」が断たれて、綻《ほころ》びて、「いま」が愛《いと》おしくなるものなのかもしれません。

もし、なにかをうしなえば……

このように先覚者たちの生き方をみると、共通するのは、「人生の大変な出来事」を契機として転換していることです。まさに「悪を転じて徳を成す」を体現しているようにおもうのです。そこには、自力が叶わなくなって、力むのをやめて自力を手放すという流れがあるようにおもいます。

契機となるのは、そこに悲嘆の大切な「はたらき」があるからのようにおもうのです。それは、悲嘆にしか「身」を置けないことに大切な意味があります。

このように、「なんで……」「どうして……」といってしまうやっかいな世界、いうならば苦海は、遠ざけても遠ざけることができないかもしれません。手のつけようがない悲嘆に「身」を置くしかなかったということかもしれません。

そうなのかもしれません

なにかをうしなえば、どうしても、その悲しみからは逃れることができない、ぼくの「身」ということでしょう。また、いつも、どんなときも自己都合でしかものごとが考えられないし、ふるまえない「身」です。そして、ぼくが生きる現場は、「大丈夫」でない世界であり、そこにしか「身」が置けないということも事実です。

だとすれば、力を抜いて、降参すればいいのかもしれません。

4

お救いましませ 編

「子ども」、そのままなる世界

ぼくには長いブランクがありましたが、再び、子どもたちとの生活がはじまりました。園内に響く声、子どもたちの大歓声にたじろぎました。子どもの声に耳をすましても、意味がつかめないこともあります。悪くいえば、うるさい世界で、さわがしく騒々しく聞こえるばかりです。

子どもの運動量の多さ、制限や抑制のない世界を生きている子ども、そんなこんなの中でわかったことがあります。わたしたち「おとな」の会話は、ある目的で話をしますから、意思を伝えなければ会話になりません。いつのころからかぼくはさえずることを忘れてしまったようです。しかし、子どもたちは、「からだとココロ」で、歓喜を謳いあげているようにおもうのです。

わたしたち「おとな」が、おもいを叶えるために会話をしているのとは、根本的に違うということがわかりました。子どもたちは、生きているだけで、そこにいるだけで嬉しいと歓喜しているのです。おとなであるわたしには意味がわからないはずだったのです。いつの間にか歓喜の喜びを忘れ、「じぶん」の考えが通じないと嘆く、わたしの姿とは大変な違いです。

子どもを「ほとけの子」として尊ぶ、その意義が体験できたおもいです。

おとなになるということは、どういうことでしょう。喜びを喜びとして喜べない人になることを「おとな」になるというのかもしれないですね。子どもの歓声や遊びにこそ、開かれた自由な世界があるのかもしれません。

五十年前の親鸞聖人のご遠忌法要《えんきほうよう》のとき、棟方志功《むなかたしこう》さんが真宗のみ教えに出遇われて、ご本山の襖絵を描き残されました。その絵は、大谷大学の講堂の緞帳の図柄にもなっています。棟方志功さんの作品は版木に挑むような作風なのですが、緞帳はグルグル描きの童子画に酷似しています。それは真宗のみ教えに出遇い解き放たれた世界のように見えました。

童子のごとく自由であれ……という声が聞こえてくるようです。

ぼくが、教員生活をはじめたのは、京都画壇の下村良之介《しもむらりょうのすけ》画伯が率いる教員集団でした。その下村画伯の口癖は、「子どもの表現が一番」「子どもの絵はいいいっ」でした。どこか棟方志功さんの襖絵と重なります。

解放されて生きることは、「子ども」のままなる生き方のような気がするのです。

そうおもったのです……

あまり自慢できる話ではないのですが、ある方からひどく叱られたことがありました。もちろん、叱られることをしたのは、このわたしなのです。叱責されることは、誰でも、イヤでつらいことです。わたしも例外ではありません。目の前の人が、感情を爆発させているのですから、それを受ける当事者のわたしは平静でも尋常でもなかったのです。

ただ、そのとき、こんな感覚に気がついたのです。目の前の人から矢のような言葉、爆発する感情がぶつけられました。その渦中にいるのに、なぜか直撃されている感じではないのです。つらいはずの「じぶん」、いたたまれないはずの「じぶん」がいるはずなのですが、なにか、静かな湖畔にでもいる感覚があるのです。怒濤の中で、穏やかではないのですが、いつもと違う「じぶん」がいたのです。

なんとなくですが、そして、後になってなのですが、説明がつかないので、こんなことを考えました。怒濤のように押し寄せる罵声から、爆発する感情から、守ってもらったような気がしたのです。ぼくの代わりに防波堤になって受けていただいたように感じたのです。ぼくが受けるべきバッシングを、阿弥陀さまが受けてくださったようにぼんやりおもえたのです。阿弥陀さまがわたしに代わって、暴言を、矢のような言葉や感情を、受けてくださっているようにおもえたのです。

こういうココロの状態は、大変な突然の衝撃をショック期が防衛したと説明できるのかもしれません。しかし、ショック期が防衛したとは説明できますが、ココロにショック期が生じるはたらきが備わっていることの説明はできません。やはり、阿弥陀さまがわたしの代わりに受けてくださったと考えたいとおもいました。ショック期で説明すると、次第に緩和してココロの平穏が戻るという説明になります。しかし、阿弥陀さまが立ってくださったからこそ、阿修羅のようにバッシングした人ではありますが、あえて阿修羅の姿になることで、わたしに「気づいて」とはたらきかけたかったのではなかったかとおもえたら、どうでしょう。

「聞」への入り口

ぼくは、日ごろ「じぶん」から突き上げてくる「感情」に、ずいぶんと悩んでいます。「感情」が動揺すると、抗しがたいと感じます。そのことを考える糸口となったのが、エゴグラムや交流分析で著名な精神科医エリック・バーンの考えでした。それは、人間は「おとな」になっても「子どものココロ」があるという考え方です。このことを糸口に解けたことがあります。

ぼくは、子どもの「泣き声」が苦手です。それは、「じぶん」が感じやすく、敏感だからなのかもしれません。「泣き声」はどう考えても、正直などころ心地よくありません。しかし、わが子の泣き声に「揺さぶられ」、衝動的に虐待行為をしてしまう親がいます。また、泣き声に精神的ストレスを抱える場合もあります。この親の問題と相通じるようにおもいます。さらに、保育の現場においては、子どもの「泣くこと」に関して、さまざまな研究や実践がおこなわれています。

泣きやます、それは、大切なことですが、泣きやますことに重点が置かれすぎてきたようにおもいます。「泣き声」に焦点があてられていますが、むしろ「動揺する」ことの方に焦点をあてる必要があるようです。それは、子どもの「泣き声」が「感情の世界」を揺さぶるからです。

動揺する「感情の世界」について考えてみます。子どもの「泣き声」に対して、「おとな」は、泣きやまそうとはたらきかけます。しかし、無駄なことはなにもない、ということからすれば、子どもの「泣き声」も大切な果たすべき役割があるとおもうのです。本書は育児書ではないので、子どもの「泣き声」の意味を解説はしません。おとなが困るのは、子どもの「泣き声」で揺さぶられる自分の「感情の世界」にほかなりません。

エリック・バーンがいうように、あなたに「子ども」の泣き声がはたらきかけたため、揺さぶられ、ココロのふるさとへ届いたと考えてはいかがでしょう。「ふるさと」がノックされて、寝ていた「感情の世界」が覚醒したとするなら、あなたが「じぶん」と対話する機縁だとおもいます。

「じぶん」への揺さぶり、はたらきかけは「聞《もん》」として聞けばいいようにおもいます。

雨上がり

雨上がり、園庭の水たまりに小石を投げ入れることをくり返す子どもの姿にしばし見入ってしまいました。なにがおもしろくてくり返すのかと、わたしは「意味」を見つけようとしていたようにおもいます。

「おとな」は、意味がなければ、また、理由がなければ承知できません。子どもの無為《むい》に遊ぶ姿が不思議だったのです。どうしても、その子どもがくり返す意味が見つからなかったのです。

水たまりがあって、小石を投げ入れて、それでいいのかもしれません。「おとな」は意味を求めるところから、はじめます。意味がなければやれないのが「おとな」です。意味を求める「おとな」と、無為に遊べる子どもは見事なコントラストをなしています。

「おとな」はすべてに意味をこじつけます、だから、さらに窮屈になります。むしろ、無為で、それでいい世界、これでいい世界、そんな世界を子どもから教えられました。

「いま　ここ」にいることでいいとおもえればいいとおもいます。「ままなる世界」でいいとおもえたらいいとおもいます。

「無為、そして、自然《じねん》」。

小石を投げ入れて遊ぶ子どもに教えられました。菩薩《ぼさつ》さまは別世界におられるのではないと、小石を無為に投げ入れて遊ぶ子どもにその姿を見た感じがしました。

樹木に魅せられて

再会が叶わなくなった友人と別れたころだったとおもいます。人は悲しみを抱えると、不思議と悲しみの姿を探すのかもしれません。それは、悲しいココロをすっぽり包み、重ねることで、痛みを「やわらげる」ためでしょうか。

冬枯れて立つ樹木が、そのときの心情にぴったり合ったのだとおもいます。冬支度をした樹木の姿にも魅かれました。

生きる姿

樹木が冬支度をして葉っぱを落とし、冬枯れの姿を見せます。冬に立つ樹木は、凛として孤高の気高さがあります。寒風の静寂の中に品格さえ感じます。

樹木が冬の寒さをしのぎ、寒風に立つ姿に、生きる人間の生涯を見たおもいがします。落葉した樹木は傷つき、枝折れ、幾重にも曲がった姿を見せてくれます。すさまじいその姿に、生きる厳しさを見るようにおもえたのです。樹木は、生きることは傷つき、折れることもあり、ねじ曲がることもあると教えてくれているようにおもえたのです。

冬枯れの樹木を目の前にすると、風雪に耐える姿はいうまでもなく、夏の焦熱にさらされた姿も尊く、崇高におもえることさえあります。

友人の生涯も、平坦な人生ではありませんでした。苦節、苦渋もあったとおもいます。だからすてきに生きた生涯だったとおもえるのです。

春を迎えるころ、梅のつぼみがふっくらとその可憐な姿を見せます。歳月を重ねた樹木は、ひっそりと春を待ちます。大切なつぼみをはぐくみ守ります。それは、子どもを宿したお母さんのお腹がふっくら膨らみはじめるかのようです。

梅がほころびます。つぼみは小さいけれど力強くたくましくさえ見えます。つぼみはちょっと生意気にさえ見えることがあります。新生児はやわに見えますが、なんともパワフルに見えたりします。そして、あの身をふるわせて動くさまはとても近寄りがたく崇高に見えます。

無量寿《いのち》が形として現れた姿であるかのようです。無量寿は目には見えないけれど、梅のつぼみをして、新生児の身をふるわす姿をして、わたしたちに姿を見せてくれているかのようにおもいます。

だから無量寿はつながっているとおもうのです。

おもうのです……

こんな、とんでもなく勘違いしていた、わたしを見捨てることなく、そばにいてくださったのですね。こんな、見当違いの価値に目が眩《くら》んでいたわたしのそばを離れないでいてくださったのですね。こんな、欲に恨みに身を浸したわたしを見捨てないでいてくださっていたのですね。

こんな、恨み、妬《ねた》みに追いまくられているわたしでも「変われない、ままでいい」とお許しいただけるのですね。こんな、僻《ひが》みやすくビクビクして、どうしようもないわたしを救おうとされていたのですね。

あとがき

本書の表題をつけるなら、「二度、三度ならず失敗した真宗入門」としたかったのですが、かえってわかりづらくなるかもしれないので、『二度目の真宗入門』としてもらいました。

本書を書き終えて、おもうことがあります。ぼくが求めた諸科学は、雑学を含めるとさまざまな方面です。端的にいうと、ぼくのテーマは「生き方」でしたから、実践科学に関心をもちました、いずれも、問題を軽減するか消すことを最終のゴールとしていました。それを、当然と考えていたのですが、なにか「腑に落ちない」ものを感じているうちに、親鸞聖人の教えに遇うことになります。

しかし、親鸞聖人にお遇いして、聖人が説かれているのは、「事実はけっして消えない」ということだと気づきました。ぼくがつねに追い求めていたことは「問題解決」でしたから、やっかいな問題が消えること、消すことだったのですから、はじめは、正直受け入れるのに抵抗感がありました。そんなジレンマも、本書のサブテーマとして書きました。

ぼくを導いたのは「生きにくさ」だといえるかもしれません。ぼく自身が抱え遭遇した「生きにくさ」がなければ、「今」がないのですから、あらためて「むだなものはなにもない」としみじみおもいます。

そして、先輩の足あとを訪ねての取材の旅は、食べものや温泉に出会うことも格別の楽しみでした。そこまで足を運んでみることの大切さも知ることができました。道草の多い、ぼくらしい人生の様子をお伝えできたのではないかとおもいます。

ここまで、ぼくを見守っていただいた多くの方々にこころから感謝申しあげます。そして出版へと、いつもあたたかく励まし、支えていただきました法藏館の戸城三千代編集長、満田みすずさんにこころより感謝申しあげます。

二〇一三年草木甦える五月

佐賀枝　夏文

佐賀枝　夏文（さがえ　なつふみ）

1948年富山県生まれ。

1974年大谷大学大学院文学研究科修士課程修了。

以後、児童福祉施設や身体障がい者の更生援護施設などで児童指導員、心理判定員などに就く。

1978年ハンガリー運動障害者治療者養成大学留学、
1984年関西医科大学精神神経科教室臨床見学生に。

1986年大谷大学短期大学部専任講師就任。

現在、大谷大学文学部社会学科社会福祉学の教授。大谷幼稚園長。臨床心理士。

著者は、『ココロのトリセツ』（春風社）、『君はそのままでいいんじゃないか』（著者名「サガエさん」、東本願寺）、『ぼくはいまここにいる』（東本願寺）、『女の手紙』（共著、双文社）など。

二度目の真宗入門

二〇一三年六月二〇日　初版第一刷発行

著　者　佐賀枝夏文

発行者　西村明高

発行所　株式会社　法藏館
京都市下京区正面通烏丸東入
郵便番号　六〇〇-八一五三
電話　〇七五-三四三-〇〇三〇（編集）
〇七五-三四三-五六五六（営業）

装幀　井上二三夫

印刷　立生株式会社　製本　清水製本所

ISBN 978-4-8318-8719-1 C0015

真宗の学び方	櫻部　建著	八〇〇円
真宗入門	ケネス・タナカ著	二、〇〇〇円
わかりやすい浄土真宗	大門照忍著	一、〇〇〇円
お寺は何のためにあるのですか?	撫尾巨津子著	一、〇〇〇円
気軽に読める、5分間法話 何にために法事をするのか	中川専精著	一、〇〇〇円
私でも他力信心は得られますか?	和田真雄著	一、〇〇〇円
みんなが安心して生きられる世界に	真城義麿著	四〇〇円
ホッとひといき 川村妙慶のカフェ相談室	川村妙慶著	一、二〇〇円

価格税別

法藏館